AF555027

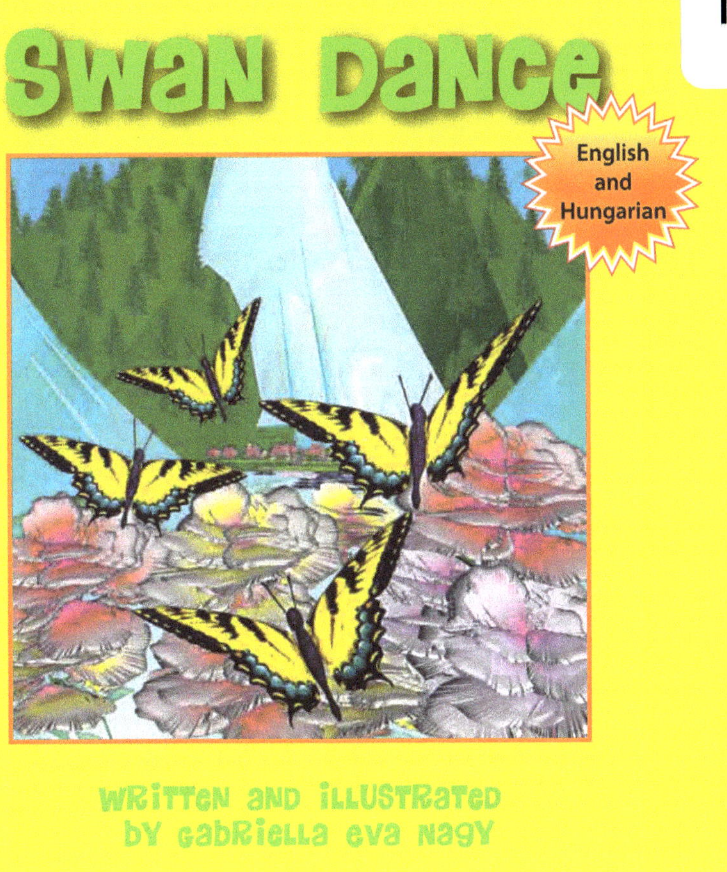
Swan Dance
English and Hungarian
Written and illustrated
by Gabriella Eva Nagy

Halo
Publishing International

ISBN 13: 978-1-61244-341-6

Printed in the United States of America

Published by Halo Publishing International
1100 NW Loop 410
Suite 700 - 176
San Antonio, Texas 78213
Toll Free 1-877-705-9647
www.halopublishing.com
www.holapublishing.com
e-mail: contact@halopublishing.com

My deep and sincere gratitude for God, for the inspiration and the dream to come true, and all my family and friends for their love, support, and encouragements.

Deep down in the forest, on gentle waves
of an azure blue lake, in the midst of bright water lilies,

*Fenyőerdő mélyén, kék tó habjain,*
*tavirózsák között,*

black and white swans circle nose to tail.

*fekete és fehér hattyúk köröznek, sorban haladva.*

Their dance is sweet and delightful,
as they glide and twirl.

*Édes táncuk, siklásuk
és pörgésük szívet gyönyörködtető.*

Little green lizards
sunbathe on wet rocks,

*Sziklaköveken zöld gyíkocskák napfürdőznek,*

grasshoppers hop leaf to leaf,

*szöcskék levélről levélre szökkennek,*

and among the dewy carnations yellow butterflies flutter softly.

*és harmatos szegfűk között kecsesen sárga pillangók repkednek.*

A leaf frog jumps high suddenly.

*Egy levelibéka hirtelen magasra ugrik.*

Songbirds' sweet melody fills the forest,
and in their nests tiny eggs are awaiting to crack.

*Énekesmadarak lágy dala tölti be a fenyvest, s
fészkükben apró tojások lapulnak kikelésre várva.*

The more the sunset reflects from the lake,

*Ahogy a naplemente első sugarai tükröződnek a tavon,*

the better this wonderful world stills,
the Swan Lake.

*úgy csendesül el ez a csodálatos világ,
a Hattyúk Tava.*

www.ingramcontent.com/pod-product-compliance
Lightning Source LLC
LaVergne TN
LVHW071727230826
846093LV00024B/544
* 9 7 8 1 6 1 2 4 4 3 4 1 6 *